This Journal Belongs To:

....

....

....

....

Starting Balance [   ]

Date	Code/ Number	Description	Debit(−)		Credit(+)		Balance

Starting Balance [ ]

Date	Code/ Number	Description	Debit(–)	Credit(+)	Balance

Starting Balance [   ]

Date	Code/ Number	Description	Debit(−)		Credit(+)		Balance

Starting Balance [   ]

Date	Code/ Number	Description	Debit(−)		Credit(+)		Balance

Starting Balance [   ]

Date	Code/ Number	Description	Debit(–)		Credit(+)		Balance

Starting Balance [   ]

Date	Code/ Number	Description	Debit(–)		Credit(+)		Balance

Starting Balance [ ]

Date	Code/Number	Description	Debit(-)	Credit(+)	Balance

Starting Balance [   ]

Date	Code/ Number	Description	Debit(-)	Credit(+)	Balance

Starting Balance [　　　　　]

Date	Code/Number	Description	Debit(–)		Credit(+)		Balance

Starting Balance

Date	Code/ Number	Description	Debit(−)		Credit(+)		Balance	

Starting Balance [   ]

Date	Code/ Number	Description	Debit(–)	Credit(+)	Balance

Starting Balance [   ]

Date	Code/ Number	Description	Debit(-)	Credit(+)	Balance

Starting Balance [   ]

Date	Code/Number	Description	Debit(-)	Credit(+)	Balance

Starting Balance [   ]

Date	Code/ Number	Description	Debit(-)		Credit(+)		Balance

Starting Balance [   ]

Date	Code/ Number	Description	Debit(-)		Credit(+)		Balance

Starting Balance

Date	Code/Number	Description	Debit(-)		Credit(+)		Balance	

Starting Balance [   ]

Date	Code/ Number	Description	Debit(−)		Credit(+)		Balance

Starting Balance

Date	Code/Number	Description	Debit(-)		Credit(+)		Balance

Starting Balance [   ]

Date	Code/ Number	Description	Debit(-)	Credit(+)	Balance

Starting Balance

Date	Code/Number	Description	Debit(–)	Credit(+)	Balance

Starting Balance

Date	Code/ Number	Description	Debit(–)		Credit(+)		Balance

Starting Balance [   ]

22

Date	Code/Number	Description	Debit(-)	Credit(+)	Balance

Starting Balance [   ]

Date	Code/ Number	Description	Debit(−)		Credit(+)		Balance

Starting Balance [   ]

Date	Code/ Number	Description	Debit(−)		Credit(+)		Balance

Starting Balance

Date	Code/ Number	Description	Debit(–)		Credit(+)		Balance

Starting Balance [ ]

Date	Code/ Number	Description	Debit(−)	Credit(+)	Balance

Starting Balance [   ]

Date	Code/Number	Description	Debit(–)		Credit(+)		Balance

Starting Balance [   ]

Date	Code/Number	Description	Debit(–)	Credit(+)	Balance

Starting Balance

Date	Code/ Number	Description	Debit(–)		Credit(+)		Balance

Starting Balance

Date	Code/ Number	Description	Debit(–)		Credit(+)		Balance

Starting Balance [   ]

Date	Code/ Number	Description	Debit(−)		Credit(+)		Balance

Starting Balance

Date	Code/Number	Description	Debit(−)		Credit(+)		Balance

Starting Balance

Date	Code/Number	Description	Debit(–)		Credit(+)		Balance

Starting Balance [   ]

Date	Code/ Number	Description	Debit(-)	Credit(+)	Balance

Starting Balance

Date	Code/ Number	Description	Debit(-)		Credit(+)		Balance

Starting Balance [   ]

Date	Code/ Number	Description	Debit(–)		Credit(+)		Balance

Starting Balance

Date	Code/ Number	Description	Debit(–)		Credit(+)		Balance

Starting Balance [_____]

Date	Code/Number	Description	Debit(-)	Credit(+)	Balance

Starting Balance [   ]

Date	Code/Number	Description	Debit(-)	Credit(+)	Balance

Starting Balance [   ]

Date	Code/ Number	Description	Debit(–)		Credit(+)		Balance

Starting Balance [ ]

Date	Code/ Number	Description	Debit(–)	Credit(+)	Balance

Starting Balance [   ]

Date	Code/Number	Description	Debit(-)	Credit(+)	Balance

Starting Balance

Date	Code/ Number	Description	Debit(−)		Credit(+)		Balance

Starting Balance [   ]

Date	Code/Number	Description	Debit(-)		Credit(+)		Balance

Starting Balance

Date	Code/ Number	Description	Debit(–)		Credit(+)		Balance

Starting Balance

Date	Code/Number	Description	Debit(–)		Credit(+)		Balance

Starting Balance [   ]

Date	Code/ Number	Description	Debit(–)		Credit(+)		Balance

Starting Balance

Date	Code/ Number	Description	Debit(-)		Credit(+)		Balance

Starting Balance

Date	Code/ Number	Description	Debit(–)		Credit(+)		Balance

Starting Balance [   ]

Date	Code/ Number	Description	Debit(–)		Credit(+)		Balance

Starting Balance [   ]

Date	Code/ Number	Description	Debit(–)		Credit(+)		Balance

Starting Balance [   ]

Date	Code/Number	Description	Debit(-)	Credit(+)	Balance

Starting Balance [   ]

Date	Code/ Number	Description	Debit(–)		Credit(+)		Balance

Starting Balance [   ]

Date	Code/ Number	Description	Debit(–)		Credit(+)		Balance

Starting Balance [   ]

Date	Code/ Number	Description	Debit(-)		Credit(+)		Balance

Starting Balance

Date	Code/ Number	Description	Debit(-)	Credit(+)	Balance

Starting Balance [   ]

Date	Code/ Number	Description	Debit(–)		Credit(+)		Balance

Starting Balance [   ]

Date	Code/ Number	Description	Debit(-)		Credit(+)		Balance

Starting Balance [   ]

Date	Code/ Number	Description	Debit(–)		Credit(+)		Balance

Starting Balance

Date	Code/ Number	Description	Debit(-)	Credit(+)	Balance

Starting Balance

Date	Code/Number	Description	Debit(-)	Credit(+)	Balance

Starting Balance [   ]

Date	Code/Number	Description	Debit(-)		Credit(+)		Balance

Starting Balance [   ]

Date	Code/Number	Description	Debit(−)		Credit(+)		Balance

Starting Balance

Date	Code/ Number	Description	Debit(–)		Credit(+)		Balance

Starting Balance

Date	Code/ Number	Description	Debit(–)		Credit(+)		Balance

Starting Balance

Date	Code/ Number	Description	Debit(-)		Credit(+)		Balance

Starting Balance [   ]

Date	Code/ Number	Description	Debit(–)		Credit(+)		Balance

Starting Balance [　　　　　　　]

Date	Code/ Number	Description	Debit(-)		Credit(+)		Balance

Starting Balance

Date	Code/ Number	Description	Debit(−)		Credit(+)		Balance

Starting Balance [   ]

Date	Code/ Number	Description	Debit(-)		Credit(+)		Balance

Starting Balance

Date	Code/Number	Description	Debit(–)		Credit(+)		Balance

Starting Balance

Date	Code/Number	Description	Debit(-)	Credit(+)	Balance

Starting Balance

Date	Code/ Number	Description	Debit(−)		Credit(+)		Balance

Starting Balance [   ]

Date	Code/ Number	Description	Debit(-)	Credit(+)	Balance

Starting Balance

Date	Code/ Number	Description	Debit(–)		Credit(+)		Balance	

Starting Balance [   ]

Date	Code/ Number	Description	Debit(–)	Credit(+)	Balance

Starting Balance [   ]

Date	Code/Number	Description	Debit(-)		Credit(+)		Balance

Starting Balance [   ]

Date	Code/ Number	Description	Debit(-)	Credit(+)	Balance

Starting Balance

Date	Code/ Number	Description	Debit(-)		Credit(+)		Balance

Starting Balance [ ]

Date	Code/ Number	Description	Debit(–)		Credit(+)		Balance

Starting Balance [   ]

Date	Code/Number	Description	Debit(–)		Credit(+)		Balance

Starting Balance

Date	Code/ Number	Description	Debit(–)		Credit(+)		Balance

Starting Balance [   ]

Date	Code/ Number	Description	Debit(-)		Credit(+)		Balance

Starting Balance [   ]

Date	Code/ Number	Description	Debit(-)	Credit(+)	Balance

Starting Balance [   ]

Date	Code/ Number	Description	Debit(-)		Credit(+)		Balance

Date	Code/ Number	Description	Debit(–)		Credit(+)		Balance

Starting Balance

Date	Code/ Number	Description	Debit(–)		Credit(+)		Balance

Starting Balance [   ]

Date	Code/ Number	Description	Debit(–)		Credit(+)		Balance

Starting Balance [   ]

Date	Code/ Number	Description	Debit(–)		Credit(+)		Balance

Starting Balance [   ]

Date	Code/ Number	Description	Debit(-)		Credit(+)		Balance

Starting Balance [   ]

Date	Code/ Number	Description	Debit(–)		Credit(+)		Balance

Starting Balance [   ]

Date	Code/Number	Description	Debit(-)	Credit(+)	Balance

Starting Balance

Date	Code/Number	Description	Debit(-)		Credit(+)		Balance

Starting Balance [   ]

Date	Code/Number	Description	Debit(-)	Credit(+)	Balance

Starting Balance [   ]

Date	Code/Number	Description	Debit(-)		Credit(+)		Balance

Starting Balance [   ]

Date	Code/ Number	Description	Debit(-)	Credit(+)	Balance

Starting Balance [   ]

Date	Code/ Number	Description	Debit(-)		Credit(+)		Balance

Starting Balance

Date	Code/ Number	Description	Debit(−)		Credit(+)		Balance

Starting Balance [   ]

Date	Code/Number	Description	Debit(–)		Credit(+)		Balance	

Starting Balance [   ]

Date	Code/Number	Description	Debit(–)	Credit(+)	Balance

Note

www.ingramcontent.com/pod-product-compliance
Lightning Source LLC
Chambersburg PA
CBHW020926180526
45163CB00007B/2893